Inhalt

Neubelebung von Kleinflächen-Konzepten

Kernthesen

Beitrag

Fallbeispiele

Weiterführende Literatur

Impressum

Neubelebung von Kleinflächen-Konzepten

E.Krug

Kernthesen

- Im Rahmen eines zunehmenden Nahversorgungs-Dilemmas können neue Kleinflächen-Konzepte, die sehr stark an den "Tante Emma - Laden" erinnern, gute Erfolgschancen haben. (1), (2)
- Die Nische bewegt sich zwischen Tankstellenmärkten, Kiosken und anderen Convenience-Stores, mit der Maßgabe, dem Konsumenten den täglichen Einkauf, nicht zuletzt durch flexiblere Ladenöffnungszeiten, zu erleichtern. (1), (2), (3)
- Kleinflächen-Konzepte im Gastronomiebereich haben eine weitaus

längere Geschichte und sind nicht unbedingt vergleichbar mit dem Kleinflächen-Konzept im LEH. Gleich, allerdings, ist das Ziel aus Sicht der Konsumenten: Convenience. (4)

Beitrag

Im Zuge des Convenience-Trends hat sich das Kleinflächen-Konzept der Markant herauskristallisiert, das sich vom Tankstellenmarkt und anderen Convenience-Stores unterscheiden soll.

Der Verkauf auf kleinen Flächen ist definitiv nicht neu, wie alle "Tante Emma - Läden" der Vergangenheit beweisen, allerdings inzwischen häufig verdrängt und z. T. in Vergessenheit geraten. So ist die Kleinfläche in den letzten Jahrzehnten drastisch in den Hintergrund gedrängt worden. Bis Mitte der neunziger Jahre kam es jährlich bei 40.000 bis 50.000 Läden bis zu 200 qm zu Geschäftsaufgaben. Inzwischen werden zwar weniger Geschäfte mit kleinen Flächen geschlossen, dennoch kommt es pro Jahr immer noch zu 25.000 bis 30.000 Schließungen. (1) Nicht zuletzt dadurch wächst zusehends das Problem von Nahversorgungslücken. So entpuppte sich bei der Markant Service und Handels GmbH eine aktive Strategie für das Kleinflächen-Konzept, sogenannte

"IK - Ihr Kaufmann" - Läden in Verbrauchernähe. (1), (2)

Welche Idee verbirgt sich hinter dem Kleinflächen-Konzept?

400 Einzelhändler hatten zu Beginn des Sommers 2002 die Möglichkeit, sich bei einer "Markant-Hausmesse" mit dem Kleinflächen-Konzept vertraut machen. Dieses eignet sich für eine Verkaufsfläche bis zu 300 qm. Die Reaktion der Händler war positiv und im Anschluss an die Messe wurden bereits drei Läden eröffnet. (1)

Bei den Händlern kann unterschieden werden zwischen "Allround-Anbietern", die ein "breites Nahversorgungs-Sortiment" in den Regalen haben und den "Spezial-Anbietern", die sich auf bestimmte Segmente beschränken, bei den ausgewählten Sortimenten sich aber als wirkliche Spezialisten erweisen.

Die Einstiegskosten betragen, je nach Inneneinrichtung, 15.000 bis 16.000 Euro. Nach Vorstellung der Markant sollten die dominanten Farben gedeckt, die Dekoration zurückhaltend und auf den Wandbereich begrenzt sein. Die Einrichtung sollte einem "gehobenen LEH-Standard" entsprechen. Das Hauptkriterium für ein erfolgreiches Konzept ist hier allerdings nicht eine hochwertige Ladengestaltung, sondern die Motivation des Kaufmanns und der ideale Mix aus Dienstleistung und Sortiment. (1), (2)

Warum ist der Verkauf auf "kleinen Flächen" in Verbrauchernähe sinnvoll?

Die IK-Läden sollen die Zukunft des mittelständischen Handels sichern, deren Eigenständigkeit erhalten und sie im Wettbewerb stärken. Dem Konsumenten soll durch das Kleinflächen-Konzept eine lokale Versorgung sicher sein. Deshalb gibt es inzwischen Unterstützung von Gemeinden und Kommunen, denen das Konzept in Bezug auf die Schließung von Versorgungslücken sehr entgegen kommt. Beim "Kleinflächen-IK-Kaufmann" handelt es sich also durchaus um einen "örtlichen Nahversorger". (1), (2)

Welche Vorteile bringt das

Kleinflächen-Konzept mit sich?

Einer der wichtigsten Vorteile, die das Konzept bietet, ist die Flexibilität der Öffnungszeiten. Das bedeutet nicht nur längere Ladenöffnungszeiten, sondern anpassungsfähigere Ladenöffnungszeiten. Durch die kleine Verkaufsfläche kann der Laden durchaus als Kiosk definiert und angemeldet werden, was einen größeren Ermessensspielraum bei der Festlegung der Öffnungszeiten zulässt. (vgl. Cases) (1), (2) Im derzeitig wieder aktuellen "Gerangel" über die Ladenöffnungszeiten ist das ein wirklich interessanter Pluspunkt. (5), (6), (7)

Den Preis als Mittel im Konkurrenzkampf einzusetzen, ist bei einem Kleinflächen-Geschäft kaum möglich. Zwar sind die Preise niedriger, als in den Tankstellen, sie sind aber dennoch im Vergleich zu Supermarktpreisen relativ hoch. So wird hier im Wettbewerb bevorzugt die Komponente "Convenience" eingesetzt. Obwohl in den lokalen Kleinflächen-Läden sicher nicht der "Haupteinkauf" der Verbraucher stattfindet, so können diese aber, möglicherweise sogar zu Fuß, noch schnell ein paar Besorgungen erledigen. Kurz und gut, der Einkaufs-Alltagsstress soll minimiert werden; ein angenehmer Vorteil den diese Läden bieten. (1), (2)

Kritische Anmerkung zum Thema Kleinflächen-Konzept

Kritische Beobachter aus der Branche sehen dagegen die Kleinfläche im LEH gänzlich aussterben. Der große Konkurrenzdruck durch die Supermärkte, hohe Ladenmieten und zu kleine Gemeinden sind nur einige der Schwierigkeiten, denen sich der Kleinflächen-Kaufmann stellen muss. Ein Laden mit kleiner Fläche wird häufig als sehr arbeitsintensiv, aber wenig lukrativ, betrachtet. (8)

Kleinflächen-Gastronomie

Es gibt nicht nur im Einzelhandel Kleinflächen-Konzepte. In der Gastronomie existiert dieses Thema schon seit langem. Allerdings unterscheidet sich die Situation von Kleinflächen-Restaurants ein wenig von der, der Kleinflächen-Läden. Diese Restaurants wurden in den letzten Jahren nicht verdrängt, sondern "schossen wie Pilze aus dem Boden".

Vor allem in der "Warenhaus-Gastronomie" handelt es sich häufig um Projekte dieser Art. Auf kleinster Fläche wird dem Konsumenten die Möglichkeit gegeben, einen Snack oder eine Mahlzeit zu sich zu nehmen.

Weitere beliebte Standorte sind belebte Innenstädte, Bahnhöfe, etc.. Die Anbieter kommen aus den unterschiedlichsten Sparten, von Kaffee bis Pommes, die Zielgruppe ist breit gefächert. Wichtigster Vorteil dieser Kleinflächen-Konzepte für die Kunden ist wiederum die Convenience. (4), (9)

Fallbeispiele

Beispiel für einen Kleinflächen-Laden, basierend auf dem Konzept der Markant

Am 11. Juli 2002 eröffnete F.-J. Adriaenssens seinen IK-Laden:
Investition: ca. 50.000 Euro
Standort: Herschbach im Westerwald
Fläche: 110 qm
Öffnungszeiten: werktags 5.00 Uhr - 22.00 Uhr, sonntags 7.00 Uhr - 16.00 Uhr

Sortiment: 2.500 Artikel, 60 Prozent davon Frischwaren
Profilierungssortiment: Fleisch, Wurst, Backwaren
Umsatz im Eröffnungsmonat: 37.000 Euro
Flächenproduktivität: 5.500 Euro bis 6.000 Euro
Mitarbeiter: vier Kräfte auf 325 Euro - Basis, zwei Kräfte mit jeweils 6 Stunden
Außergewöhnliche Serviceleistungen: Begleiten von älteren Kunden auf dem Nachhauseweg, Warenlieferung auf telefonische Bestellung etc.

Einwohnerzahl in Herschbach: 3.000 Einwohner
Konkurrenz: Penny, Edeka Neukauf, Norma (2)

Beispiel für ein Kleinflächen-Restaurant

"The Hottest Dog":
Der erste Standort: Hertie-Haus in Karlsruhe
Eröffnung: 1999
Mittlerweile gibt es insgesamt 5 Betriebe
Sortiment: Hot-Dogs in zwei Versionen (Rind oder Schwein), verschiedene Toppings, wechselnde Menüs
Fläche: 8 - 10 qm
Einrichtung: "American style of food"

Monatlicher Umsatz: 13.000 - 17.000 Euro
Zielgruppe: sehr breit, nicht ans Alter oder Geschlecht gebunden, Impulskäufer (4)

Beispiel für Kleinflächen-Konzepte im Ausland

"Tesco" Großbritannien:
plant 1.000 Express-Stores in den nächsten 5 Jahren
Startsortiment: 2.500 Artikel
Verkaufsfläche: zwischen 180 und 360 qm
Standortschwerpunkte: stark frequentierte innerstädtische Shopping-Areale und viel befahrene Autorouten
Tesco rechnet sich einen Anteil von 15 Prozent am 20 Mrd. GBP schweren britischen Convenience-Markt aus

Weiterführende Literatur

(1) Versorgung gewährleisten
aus Lebensmittel Zeitung 37 vom 13.09.2002 Seite 042

(2) Treffpunkt im Kaufmannsladen

aus Lebensmittel Zeitung 37 vom 13.09.2002 Seite 041

(3) Hoffnungen für Liberalisierung ruhen auf Superminister Clement DIHK für freie Ladenöffnungszeiten
aus Die Welt, Jg. 52, 15.10.2002, Nr. 240, S. 11

(4) Großer Umsatz auf kleinen Flächen
aus Food Service Nr.09 vom 06.09.2002 Seite S022

(5) Verfassungsklage gegen Ladenschluss, SZ Süddeutsche Zeitung, 14.10.2002, S. 19
aus Food Service Nr.09 vom 06.09.2002 Seite S022

(6) Viel Arbeit für den Wirtschaftsminister
aus Frankfurter Allgemeine Zeitung, 17.10.2002, Nr. 241, S. 11

(7) Kaufhof Warenhaus AG, Köln, FAZ Frankfurter Allgemeine Zeitung, 15.10.2002, S. 19
aus Frankfurter Allgemeine Zeitung, 15.10.2002, Nr. 239, S. 19

(8) Klassische Konzepte fehlen
aus Lebensmittel Zeitung 37 vom 13.09.2002 Seite 042

(9) Britische Malls punkten gegen Grüne Wiese
aus Lebensmittel Zeitung 32 vom 09.08.2002 Seite 010

Impressum

Neubelebung von Kleinflächen-Konzepten

Bibliografische Information der deutschen Nationalbibliothek

Die Deutsche Nationalbibliothek verzeichnet diese Publikation in der deutschen Nationalbibliografie; detaillierte bibliografische Daten sind im Internet über http://dnb.d-nb.de abrufbar.

ISBN: 978-3-7379-1572-4

© 2015 GBI-Genios Deutsche Wirtschaftsdatenbank GmbH, Freischützstraße 96, 81927 München, www.genios.de

Alle Rechte vorbehalten. Dieses Werk ist einschließlich aller seiner Teile – z.B. Texte, Tabellen und Grafiken - urheberrechtlich geschützt. Jede Verwertung außerhalb der Grenzen des Urheberrechtsgesetzes bedarf der vorherigen Zustimmung des Verlags. Dies gilt insbesondere auch für auszugsweise Nachdrucke, fotomechanische Vervielfältigungen (Fotokopie/Mikroskopie), Übersetzungen, Auswertungen durch Datenbanken oder ähnliche Einrichtungen und die Einspeicherung und Verarbeitung in elektronischen Systemen.